游泳Step教法

丛宁丽 主编

人民体育出版社

图书在版编目（CIP）数据

游泳Step教法 / 丛宁丽主编. -- 北京：人民体育出版社，2014 (2022.7重印)
ISBN 978-7-5009-4570-3

Ⅰ.①游… Ⅱ.①丛… Ⅲ.①游泳—运动训练—图集 Ⅳ.①G861.102-64

中国版本图书馆CIP数据核字(2013)第289948号

*

人民体育出版社出版发行
北京中科印刷有限公司印刷
新 华 书 店 经 销
*
850×1168　32开本　3.75印张　74千字
2014年5月第1版　2022年7月第7次印刷
印数：15,501—17,000册
*
ISBN 978-7-5009-4570-3
定价：28.00元

社址：北京市东城区体育馆路8号（天坛公园东门）
电话：67151482（发行部）　　邮编：100061
传真：67151483　　　　　　　邮购：67118491
网址：www.sportspublish.cn
（购买本社图书，如遇有缺损页可与邮购部联系）

编委会成员

主　编：丛宁丽
副主编：黄　灿　曾　艳　牟　玥
委　员：蒋徐万　陈　宇　樊　维
　　　　田　川　蓝　怡　吴小彬

主编、副主编及参编人员（前排左起：牟玥、黄　灿、丛宁丽、曾艳；后排左起：孟强、朱从斌、李丁妮、李宁、宋弋）

前　言

随着全国大中城市、社区、酒店游泳池（馆）的兴建，以及游泳市场的需求，为实现"人人学会游泳、减少溺水事故"的梦想，我们编写了这本为广大群众提供易阅读、易教学、易练习、易掌握、易携带，趣味性强、学习Step体系化的高效率小图册。旨在激发人们学习游泳的兴趣、使读者在短时间内，安全、愉快、轻松地学会或教会初学者4种游泳姿势。

"浓缩的是精华"。本书主编具有30多年的高校及少儿游泳教学经验，书中高度浓缩了由初学到娴熟掌握4种游泳姿势（含初级的出发、转身）的教学技术点，教学中每一个Step均是教学的重点，也是学习者的难点，本书为大家提供了解决这些关键技术点的最佳练习步骤和方法。

本书共八章，配有精选照片二百余张，初学者从最基本的姿势开始入门，按照由简到繁、由易到难、循序渐进的原则，逐步进入熟悉水环境（3步教法），随后开始学习蛙泳（6步教法）、仰泳（6步教法）、自由泳（6步教法）、蝶泳（6步教法）、蛙泳出发（3步教法）和蛙泳转身（3步教法）。

本书特色：①技术动作全部有系统地进行简化和分解，

游泳Step教法

并根据技术要点决定Step的顺序，使动作变得简单、易掌握。②教学Step高度浓缩，各Step之间的技术环节衔接自然合理。③教学手段创新性强，学习者能够边玩边学。④教学Step均遵循由简到繁、由易到难的原则，易掌握。⑤技术动作全部是以真人照片（含正误对比、避免走弯路）形式展现给读者，可读性和趣味性强，特别是对学习游泳有畏惧心的人或愿意把游泳作为一项终身体育锻炼的人具有很好的激励作用。

  游泳不仅是一种水中生存技能，还是最佳的终身体育项目之一。游泳是人在水环境里进行运动，所以有"血管体操"之称。游泳运动是最不易受伤的体育运动，老少皆宜。期待读者与我们分享30多年游泳教学经验的果实，实现"人人安全、快乐地学会游泳"的愿景。

丛宁丽
2013年9月18日

目 录

第一章　入门基本姿势 / 1

第二章　熟悉水性3步教法 / 9

　　　　Step1：韵律呼吸 / 11
　　　　Step2：团身漂浮站立 / 14
　　　　Step3：流线型滑行 / 18

第三章　蛙泳6步教法 / 21

　　　　Step1：流线型起始 / 23
　　　　Step2：收翻脚 / 25
　　　　Step3：蹬腿滑行 / 27
　　　　Step4：蛙腿+呼吸 / 28
　　　　Step5：拨水小划手+呼吸 / 32
　　　　Step6：轻松配合 / 34

第四章　仰泳6步教法 / 39

　　　　Step1：仰卧流线型踢腿 / 41
　　　　Step2：单手小拇指领先出水 / 44

游泳Step教法

Step3：单手垂直于水面上举 / 45
Step4：单手小拇指领先入水 / 47
Step5：单手水中抱水 / 48
Step6：单手推水至体侧 / 50

第五章　自由泳6步教法 / 53

Step1：俯卧流线型打腿 / 55
Step2：单手抓水+抬头呼吸 / 58
Step3：单手抱水+抬头呼吸 / 59
Step4：单手置体侧+侧头呼吸 / 62
Step5：单手空中高肘+侧头呼吸 / 64
Step6：单手前伸入水+侧头呼吸 / 66

第六章　蝶泳6步教法 / 71

Step1：双手持浮板打腿 / 73
Step2：绳索牵拉打腿 / 75
Step3：单手持浮板打腿 / 77
Step4：蛙泳手+蝶泳腿 / 78
Step5：单手持浮板+半分解配合 / 79
Step6：徒手半分解+完整配合 / 80

第七章　蛙泳出发3步教法 / 83

Step1：坐池边+身体逐渐前倒+双脚蹬池壁+
　　　　顺势入水 / 85
Step2：借助垫子，身体保持流线型姿势+
　　　　身体依次入水 / 87

　　　　Step3：身体呈半蹲姿势+双脚蹬池壁+身体前倒依次
　　　　　　　入水滑行 / 88

第八章　蛙泳转身3步教法 / 93

　　　　Step1：双手触壁+收腹团身 / 95
　　　　Step2：快速转动上体及手臂+一臂水下前伸+
　　　　　　　另一臂扶池边 / 97
　　　　Step3：低头+摆单臂+双脚同时蹬池壁滑行+起游 / 98

主要参考文献 / 101

鸣谢 / 102

第一章 入门基本姿势

第一章 入门基本姿势

目的：
规范全程教学中的最基本姿势，为以下每一步教学夯实基础。

1. 持浮板基本姿势

图1-1 陆上双手持浮板姿势（背面）

图1-2 陆上双手持浮板姿势（侧面）

图1-3　陆上双手持小板姿势（背面） 　　图1-4　陆上双手持小板姿势（侧面）

图1-5　陆上单手持浮板姿势 　　图1-6　陆上单手持小板姿势

第一章 入门基本姿势

图1-7 水中双手持浮板姿势

图1-8 水中双手持小板姿势

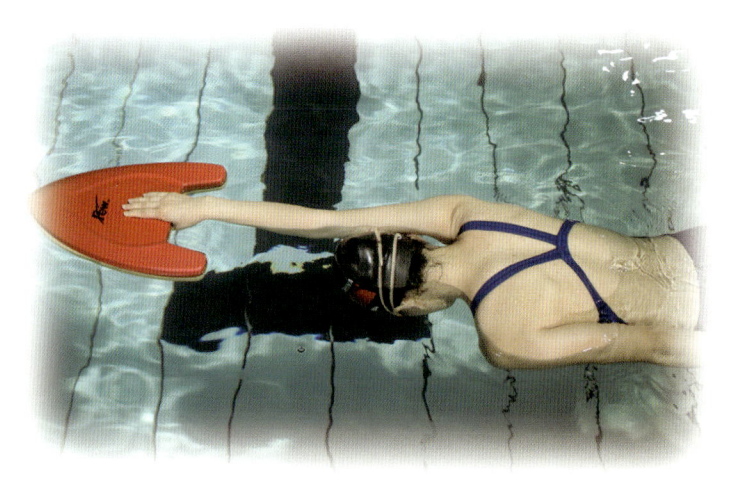

图1-9 水中单手持浮板姿势

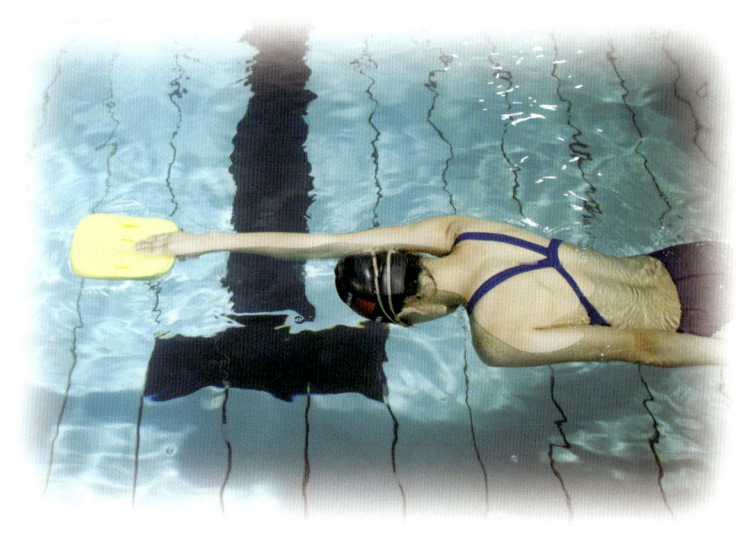

图1-10 水中单手持小板姿势

2. 流线型基本姿势

图1-11 陆上流线型姿势（背面）

图1-12 陆上流线型姿势（侧面）

图1-13 水中流线型姿势

小 结

　　入门基本姿势是游泳初学者必备的、简单易学的、为下一步学习打下良好基础的基本要求和习惯，便于今后愉快、轻松地学会既标准又省力的游泳姿势。主要内容包括：手持浮板的基本技术及水中"流线型姿势"。

第二章

熟悉水性 3 步教法

目的：

（1）通过玩水，达到适应水环境的目的。
（2）解决水中站立，确保水中的安全。
（3）掌握全程教学的流线型基本技术。

基本步骤：

Step1: 韵律呼吸 → Step2: 团身漂浮站立 → Step3: 流线型滑行

Step1: 韵律呼吸

温馨提示：

（1）用嘴吸气。
（2）用嘴、鼻同时吐气。
（3）韵律呼吸的节奏（短吸—长憋—由慢到快到暴吐）。

重点：
呼吸的节奏及连贯性。

难点：
吐气与吸气的衔接。

图2-1 吸气（正面）

图2-2 吸气（侧面）

鼻子吸气

吸气嘟嘴

图2-3 吸气的错误动作　　　图2-4 吸气的错误动作

第二章 熟悉水性3步教法

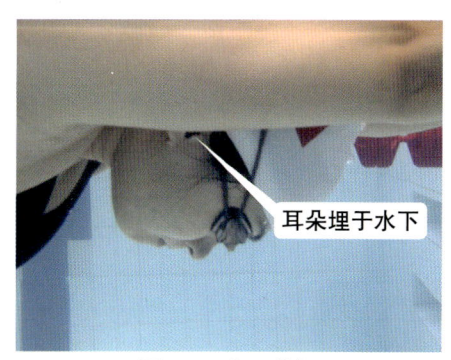

图2-5 水下憋气

图2-6 水下憋气的错误动作

图2-7 水下慢吐

图2-8 快吐

图2-9 爆吐

图2-10 吐气的错误动作

游泳Step教法

Step2: 团身漂浮站立

温馨提示：
（1）吸气要深吸且充分。
（2）全身团紧。
（3）抬头双手压水站立前双膝贴紧胸部。

重点：
（1）全身团紧。
（2）憋气。
（3）勾脚站立。

难点：
踩底站立同时双臂压水抬头。

图2-11 闭气抱膝

图2-12 闭气抱膝

图2-13 闭气抱膝的错误动作

大腿未贴紧胸部

14

第二章 熟悉水性3步教法

图2-14 双臂呈"鸟翼"型

图2-15 收大腿靠胸（勾脚站立）

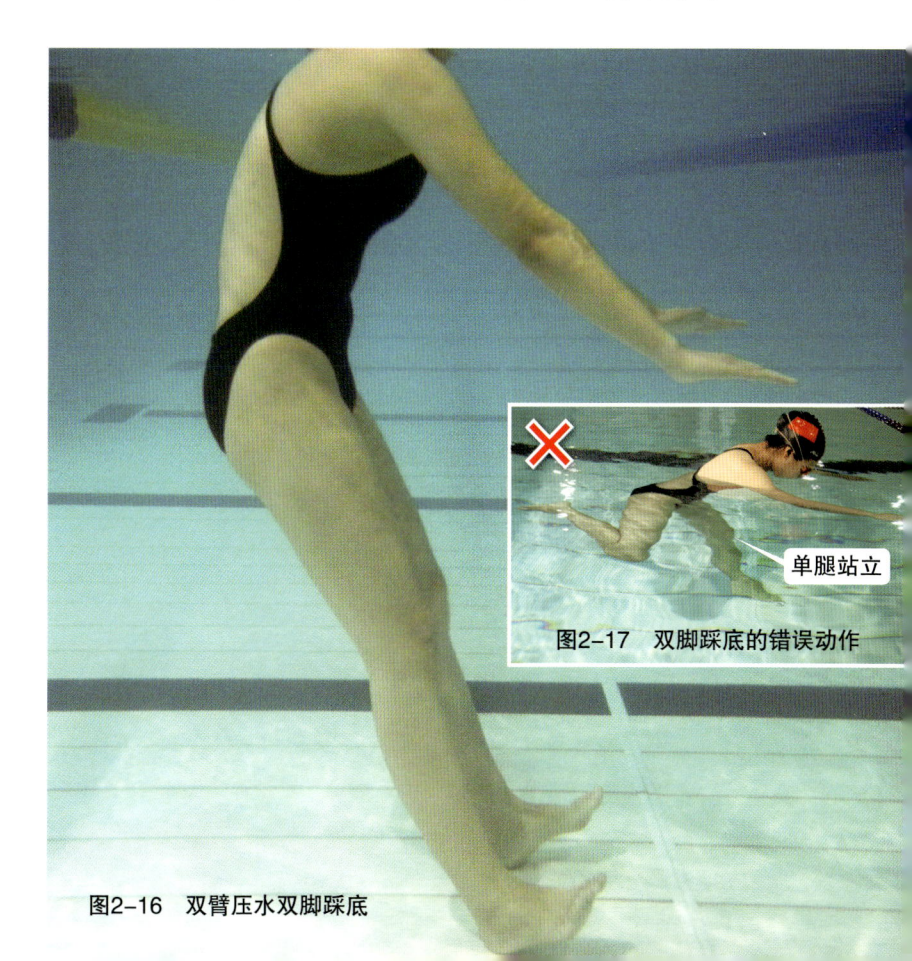

图2-16 双臂压水双脚踩底

图2-17 双脚踩底的错误动作（单腿站立）

游泳Step教法

图2-18 "X"字展体漂浮站立

图2-19 "X"字展体漂浮站立

图2-20 "X"字展体漂浮站立

第二章 熟悉水性3步教法

图2-21 "一"字展体漂浮站立

图2-22 "一"字展体漂浮站立

图2-23 "一"字展体漂浮站立

17

Step3: 流线型滑行

温馨提示：
(1) 双臂保持流线型姿势。
(2) 蹬壁时双腿、双脚同时用力蹬池壁（或池底）。

重点：
(1) 双臂伸直至耳后夹紧前伸。
(2) 吸气腰部控制夹紧。
(3) 流线型呈一条直线。

难点：
控制身体在水中的平衡。

图2-24　蹬池壁滑行　　　图2-25　蹬池壁滑行

重心过早前移，身体未团紧

图2-26　蹬池壁滑行的错误动作

第二章　熟悉水性3步教法

图2-27　蹬池底鱼跃滑行

图2-28　蹬池底鱼跃滑行

图2-29　蹬池底鱼跃滑行

19

图2-30 双人推火箭滑行

图2-31 双人推火箭滑行

小 结

以上是熟悉水性3步教法。

包括：（1）韵律呼吸——既是初学者学会游泳的基本技术，也是下一步学习其他游泳姿势的基本技术保障。（2）水中漂浮站立——初学者感受在水中是安全的有效措施，对解决怕喝水、怕呛水具有明显效果。（3）流线型滑行——水中"减阻省力"最有效的身体姿势和最佳的基本技术。学习并掌握以上入门技术之后，为初学者下一步学习其他泳姿打下长远的有效基础。

第三章

蛙泳 6 步教法

目的：
（1）短时间内学会自救与蛙泳技术。
（2）解决呼吸技术后可长距离游泳。

基本步骤：

Step1: 流线型起始 → Step2: 收翻脚 → Step3: 蹬腿滑行

Step6: 轻松配合 ← Step5: 拨水小划手+呼吸 ← Step4: 蛙腿+呼吸

Step1: 流线型起始

温馨提示：
身体保持"一"字型。

重点：
手持浮板时，身体呈"一"字流线型。

难点：
呼吸时头及身体起伏不要过大。

游泳Step教法

吸气时下颌前伸，重心前移

图3-1　推小车流线型+呼吸

图3-2　推小车流线型+呼吸

换气时压板，身体起伏大

图3-3　推小车流线型+呼吸的错误动作

24

Step2: 收翻脚

温馨提示：
（1）慢收慢翻脚。
（2）双膝略与肩同宽。
（3）收翻呈"W"型。

重点：
（1）躯干与大腿呈130°左右夹角。
（2）双膝略与肩同宽。

难点：
双腿外翻脚。

图3-4 半陆半水收翻脚（正面）

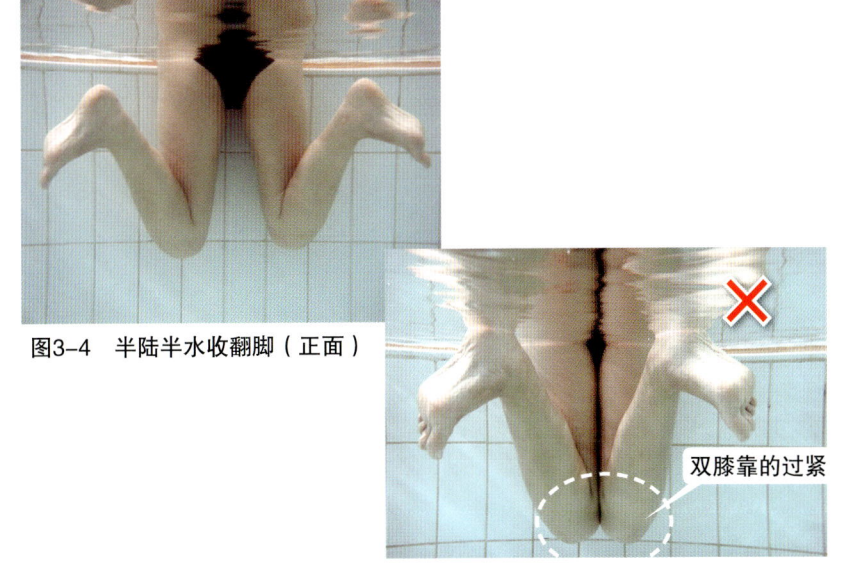

双膝靠的过紧

图3-5 收翻脚的错误动作

游泳Step教法

躯干与大腿呈130°左右夹角

图3-6 半陆半水收翻脚（侧面）

过多收大腿

图3-7 收翻脚的错误动作

未翻脚

图3-8 收翻脚的错误动作

图3-9 埋头推小车收翻脚

图3-10 抬头换气推小车收翻脚

26

第三章 蛙泳6步教法

Step3：蹬腿滑行

温馨提示：
（1）按弧形轨迹蹬腿。
（2）蹬腿时保持翻脚姿势。
（3）呈流线型滑行5秒。

重点：
（1）慢收慢蹬腿。
（2）保持5秒钟滑行。

难点：
翻脚蹬腿。

图3-11 半陆半水蹬腿滑行

图3-12 半陆半水蹬腿滑行

27

游泳Step教法

图3-13 推小车蹬腿滑行

图3-14 推小车蹬腿滑行

Step4：蛙腿+呼吸

温馨提示：
（1）慢收慢蹬长滑行。
（2）滑行5秒再吸气。

重点：
（1）先埋头再蹬腿。
（2）滑行5秒。

难点：
边伸双臂边吸气。

28

第三章 蛙泳6步教法

图3-15 持浮板蛙腿+呼吸

图3-16 持浮板蛙腿+呼吸

图3-17 持浮板蛙腿+呼吸

游泳Step教法

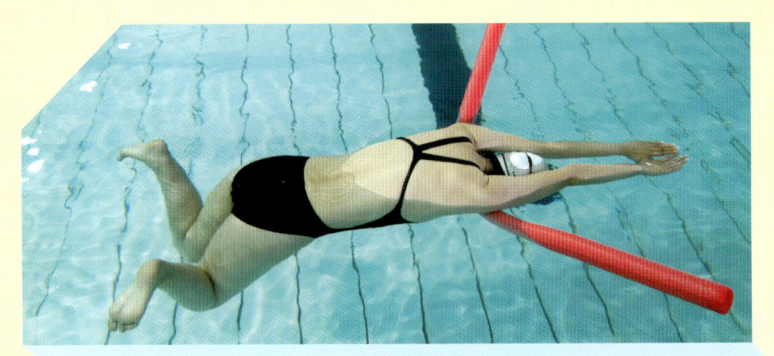

图3-18 持浮棒蛙腿+呼吸

图3-19 持浮棒蛙腿+呼吸

图3-20 持浮棒蛙腿+呼吸

第三章 蛙泳6步教法

图3-21 徒手蛙腿+呼吸

图3-22 徒手蛙腿+呼吸

图3-23 徒手蛙腿+呼吸

Step5：拨水小划手+呼吸

温馨提示：
（1）早呼吸——在身体重心最靠前时抬头换气。
（2）双手伸直向两侧拨水与肩同宽。

重点：
（1）边分手边抬头吸气。
（2）先低头，再并拢双臂。

难点：
双臂前伸与肩同宽时抬头吸气（此时身体位置最高便于抬头换气）。

图3-24　双人小划手+呼吸

第三章　蛙泳6步教法

图3-25　双人小划手+呼吸

使劲压手，抬头过高

图3-26　小划手的错误动作

图3-27　持浮棒小划手+呼吸（侧面）

图3-28　持浮棒小划手+呼吸（正面）

33

游泳Step教法

Step6：轻松配合
（腿、手、呼吸比例2∶1∶1 → 1∶1∶1）

温馨提示：

（1）慢收慢蹬。

（2）滑行3～5秒。

（3）采用多腿少臂少呼吸的方法渐进练习。先采用"2∶1∶1"，再采用"1∶1∶1"的比例。

重点：

（1）翻脚蹬水。

（2）滑行3～5秒。

难点：

慢收、慢蹬、长滑行。

第一组2∶1∶1练习

图3-29　抬头小划手

图3-30　吸气收手

34

第三章 蛙泳6步教法

图3-31 伸手后第1次收蹬腿

滑行3~5秒

图3-32 滑行

图3-33 第2次收蹬腿

滑行3~5秒

图3-34 滑行

第二组1:1:1练习

图3-35 抬头小划手

图3-36 吸气收手

第三章　蛙泳6步教法

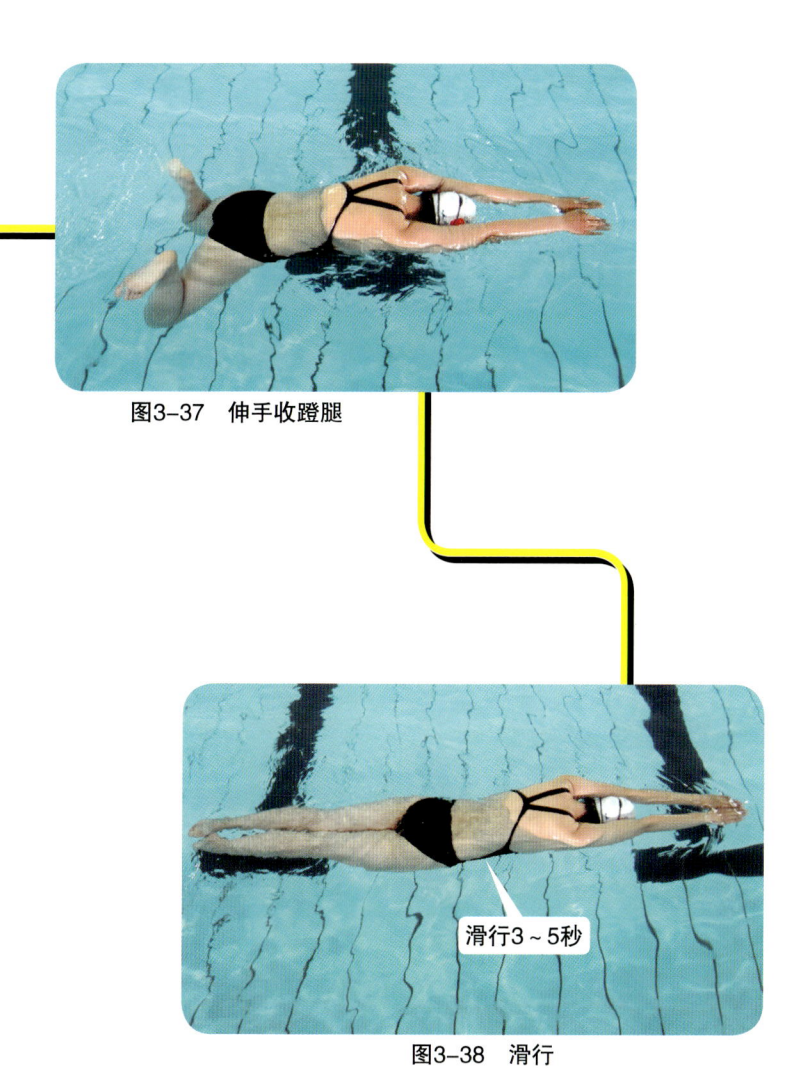

图3-37　伸手收蹬腿

滑行3~5秒

图3-38　滑行

37

小结

初学者通过以上6步循序渐进地学习和练习，可以在短时间内，快速、轻松地掌握蛙泳完整配合技术。其中"拨水小划手+呼吸"技术既是初学者解决蛙泳换气困难的有效方法，也是初学者能够很快进行长距离游泳的有效方法，还是解决传统教法容易造成划手过大、手腿配合不协调的有效手段。

第四章

仰泳6步教法

第四章 仰泳6步教法

目的：

（1）在短时间内掌握仰泳基本的身体姿势。

（2）解决初学者鼻腔易进水、呛水问题后可长距离游仰泳。

基本步骤：

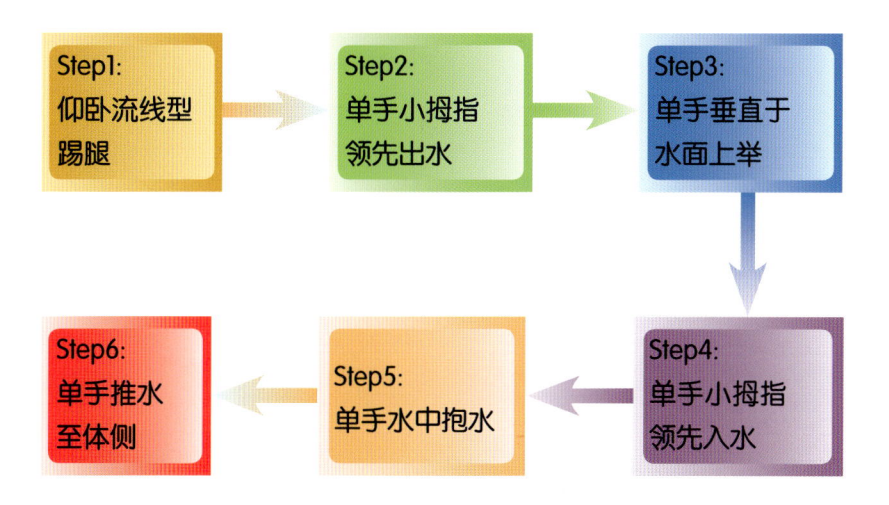

Step1: 仰卧流线型踢腿 → Step2: 单手小拇指领先出水 → Step3: 单手垂直于水面上举 → Step4: 单手小拇指领先入水 → Step5: 单手水中抱水 → Step6: 单手推水至体侧

Step1: 仰卧流线型踢腿
（保持平稳身体姿势）

温馨提示：

（1）踢腿时头部与身体在一条直线，眼睛直视天花板。

（2）绷脚尖踢腿时避免膝关节出水。

重点：
（1）绷脚尖踢腿。
（2）踢腿时保持平稳的身体姿势。

难点：
身体呈仰卧姿势踢腿时易成"坐沙发"姿势。

图4-1
双手腹部持浮板+踢腿动作

勾脚踢腿

图4-2
踢腿错误动作

图4-3
双手体侧+踢腿动作

图4-4
踢腿错误动作　　屈膝坐"沙发"

第四章　仰泳6步教法

图4-5
单手前伸+踢腿动作

一手前伸、另一手直臂置体侧

手臂弯曲、超中

图4-6
单手前伸+踢腿的错误动作

图4-7
双手前伸+踢腿动作

手臂弯曲

图4-8
双手前伸+踢腿的错误动作

43

游泳Step教法

Step2：单手小拇指领先出水（便于转肩）

温馨提示：

（1）五指并拢，小拇指领先出水。
（2）张嘴吸气。

重点：

（1）小拇指领先直臂出水。
（2）保持连贯的踢腿动作。

难点：

做出水动作时，对身体仰卧姿势踢腿的控制。

图4-9
单手小拇指领先出水+踢腿动作

图4-10
单手小拇指领先出水+踢腿错误动作

坐"沙发"

图4-11 单手小拇指领先出水+踢腿动作

图4-12 单手小拇指领先出水+踢腿错误动作

Step3：单手垂直于水面上举（掌心向外）

温馨提示：
（1）掌心向外，上举的手臂直臂垂直于水面。
（2）保持连贯的踢腿动作。

重点：
五指并拢，掌心向外。

难点：
做上举动作时，对身体仰卧姿势踢腿的控制。

游泳Step教法

图4-13
单手垂直于水面上举+
踢腿动作

图4-14
单手垂直于水面上举+
踢腿错误动作

坐"沙发"

图4-15
一手前伸，另一手垂直
于水面上举

图4-16
一手前伸，另一手垂直
于水面上举错误动作

上举手臂弯曲

46

Step4: 单手小拇指领先入水（似刀刃切入）

温馨提示：
（1）五指并拢，小拇指领先入水。
（2）保持连贯的踢腿动作。

重点：
小拇指领先入水时，手直臂紧贴耳朵。

难点：
做入水动作时，对身体呈仰卧踢腿姿势的控制。

图4-17
单手小拇指领先入水+踢腿动作

图4-18
单手小拇指领先入水+踢腿错误动作

手臂未贴紧耳朵

游泳Step教法

图4-19
一手前伸,另一手小拇指领先入水

入水手臂弯曲

图4-20
一手前伸,另一手小拇指领先入水错误动作

Step5: 单手水中抱水
（注意对水面）

温馨提示：
（1）五指并拢，高肘抱水。
（2）保持连贯的踢腿动作。

第四章 仰泳6步教法

重点:

高肘抱水。

难点:

做抱水动作时,对身体呈仰卧姿势踢腿的控制。

图4-21
一手持浮板置腹部,
另一手水中抱水

直臂抱水

图4-22 一手持浮板置腹部,另一手水中抱水的错误动作(水下)

游泳Step教法

图4-23
一手前伸、另一手水中抱水

图4-24
一手前伸、另一手水中抱水（水下）

Step6: 单手推水至体侧

温馨提示：
（1）五指并拢，推水至体侧位置。
（2）保持连贯的踢腿动作。

重点：
推水至体侧手伸直。

第四章　仰泳6步教法

难点：
做推水动作时，对身体呈仰卧姿势踢腿的控制。

图4-25　单手推水至体侧+踢腿动作

手臂推水不到位

图4-26　单手推水至体侧+踢腿的错误动作

图4-27　一手前伸，另一手推水至体侧

51

小结

以上6步仰泳练习方法,是本着由简到繁、由易到难的原则,循序渐进地进行练习,当完成到第6步的时候,初学者便能够自然而然地掌握仰泳的完整配合。重复每个从持浮板到徒手单臂前伸,逐步增加难度的练习可以循序渐进地、有效地提高身体控制能力,进而达到提高仰泳技术的目的。

第五章

自由泳6步教法

第五章　自由泳6步教法

目的：
（1）增强学习自由泳技术的趣味性。
（2）解决自由泳侧面呼吸的难点。
（3）解决自由泳手臂"前伸与推水到位"的难点。

基本步骤：

Step1: 俯卧流线型打腿 → Step2: 单手抓水+抬头呼吸 → Step3: 单手抱水+抬头呼吸

Step6: 单手前伸入水+侧头呼吸 ← Step5: 单手空中高肘+侧头呼吸 ← Step4: 单手置体侧+侧头呼吸

Step1: 俯卧流线型打腿

温馨提示：
（1）双脚稍内旋、绷脚尖以髋关节为轴上下交替打腿。
（2）保持连贯上下打腿的节奏。

重点：
（1）大腿发力，带动小腿至踝关节打腿。
（2）保持流线型身体姿势。

难点：
鞭状打腿。

图5-1　扶池边打腿

图5-2　扶池边打腿错误动作（屈膝勾脚打水）

图5-3　扶池边打腿错误动作（"蹬自行车"）

第五章　自由泳6步教法

图5-4
持浮板打腿

图5-5
持浮板打腿（吸气）

图5-6
打腿+双手拨水换气

图5-7
打腿+双手拨水换气（吸气）

游泳Step教法

Step2: 单手抓水+抬头呼吸

温馨提示：
（1）两臂伸直，体会抓水时手背的阻力。
（2）抬头吸气时保持打腿动作的连贯性。

重点：
五指并拢屈腕抓水。

难点：
吸气时对身体位置的控制。

图5-8　单手抓水+抬头换气

图5-9　单手抓水+抬头换气（水下）

图5-10　单手抓水+抬头换气错误动作

吸气压板

第五章　自由泳6步教法

图5-11
单手抓水+抬头换气（小板）

图5-12
单手抓水+抬头换气（小板）

Step3：单手抱水+抬头呼吸

温馨提示：
体会抱水时整个手臂迎水面所受的阻力。

重点：
上臂与前臂夹角约90°。

难点：
高肘抱水。

59

游泳Step教法

高肘抱水

图5-13 单手高肘抱水+抬头呼吸

图5-14 单手高肘抱水+抬头呼吸

低肘抱水

图5-15 单手高肘抱水+抬头呼吸错误动作

第五章　自由泳6步教法

图5-16　单手高肘抱水+抬头呼吸错误动作（水下）

抱水过中线

图5-17　单手高肘抱水+抬头呼吸（小板）

图5-18　单手高肘抱水+抬头呼吸（小板）

游泳Step教法

Step4：单手置体侧+侧头呼吸

温馨提示：
（1）吸气时保持一只眼睛置于水下。
（2）手保持前伸，不能下压。

重点：
（1）侧头吸气时前伸手臂贴于耳朵后侧。
（2）吸气时保持连贯打腿的节奏。

难点：
吸气时对身体稳定性的控制。

图5-19　单手置体侧+侧头呼吸

一只眼睛置于水下

图5-20　单手置体侧+侧头呼吸

62

第五章　自由泳6步教法

图5-21　单手置体侧+侧头呼吸错误动作（过中线换气）

图5-22　单手置体侧+侧头呼吸错误动作（抬头换气）

图5-23　单手置体侧+侧头呼吸（小板）

图5-24　单手置体侧+侧头呼吸（小板）

Step5：单手空中高肘+侧头呼吸

温馨提示：

体会高肘移臂时的转肩动作，并保持肘高手低姿势10秒钟。

重点：

（1）上臂带动前臂。
（2）手指沿水面前移。

难点：

对肘高手低动作的控制。

图5-25　单手空中高肘保持10秒钟

图5-26　单手空中高肘后前伸入水

第五章　自由泳6步教法

图5-27　高肘抱水

图5-28　边推水边侧头呼吸

手高肘低

图5-29　单手空中高肘错误动作（正面）

65

图5-30 单手空中高肘保持10秒钟（小板）　　图5-31 单手空中高肘后前伸入水（小板）

图5-32 高肘抱水（小板）　　图5-33 边推水边侧头呼吸（小板）

Step6：单手前伸入水+侧头呼吸

温馨提示：
大拇指领先插入水中（15°左右）。

重点：
入水点在中线与肩延长线之间。

难点：
入水时肩尽力前伸。

图5-34 单手前伸入水保持10秒钟

图5-35 单手前伸入水后的高肘抱水

图5-36 边推水边侧头呼吸

67

游泳Step教法

图5-37 推水后高肘空中移臂

入水点过近

图5-38 单手前伸入水错误动作

入水点过开

图5-39 单手前伸入水错误动作

图5-40 单手前伸入水保持10秒钟（小板）

第五章 自由泳6步教法

图5-41 单手前伸入水后的高肘抱水(小板)

图5-42 边推水边侧头呼吸(小板)

图5-43 推水后高肘空中移臂(小板)

69

小结

　　自由泳是4种泳姿中最快速的一种技术，由于自由泳采用侧头呼吸技术，对初学者来讲并非容易，侧呼吸是学习该技术的难点和重点。以上6步自由泳简约教法，也是本着由简到繁、由易到难的原则，循序渐进地进行练习，当初学者完成到第6步的时候，练习者便能够初步掌握侧头呼吸、高肘移臂的自由泳完整配合。

　　初学者按照以上步骤，一步一步逐步重复每个Step中持浮板→小板→徒手逐步增加练习的难度，可以循序渐进地、有效地提高身体控制能力以及空中移臂能力，进而达到提高自由泳技术的目的。

第六章 蝶泳6步教法

第六章 蝶泳6步教法

目的：
（1）在较短时间内掌握蝶泳腿技术。
（2）使初学者循序渐进地掌握蝶泳完整技术动作，可长距离游蝶泳。

基本步骤：

Step1: 双手持浮板打腿 → Step2: 绳索牵拉蝶泳腿 → Step3: 单手持浮板打腿

Step6: 徒手半分解+完整配合 ← Step5: 单手持浮板半分解配合 ← Step4: 蛙泳手+蝶泳腿

Step1: 双手持浮板打腿

温馨提示：
（1）绷脚尖。
（2）双手伸直持浮板。
（3）头部保持较稳定姿势。
（4）吸气后前额领先入水，目视池底。

73

重点：
（1）头部向前"顶"。
（2）打腿的节奏"第1次轻、第2次重"。

难点：
腰部发力，鞭状打腿。

双腿同时上抬、下压
图6-1 持浮板蝶泳腿

吸气下颌贴于水面
图6-2 持浮板蝶泳腿（吸气）

双手弯曲，压板
图6-3 持浮板蝶泳腿错误动作

第六章 蝶泳6步教法

小腿过于弯曲

图6-4 持浮板蝶泳腿错误动作

双腿未同时打腿

图6-5 持浮板蝶泳腿错误动作

Step2: 绳索牵拉打腿

温馨提示：
（1）双臂伸直。
（2）低头闭气。
（3）保持一定的拉绳速度。

75

重点：
体会腰部发力和速度感。

难点：
腰部发力，鞭状打腿。

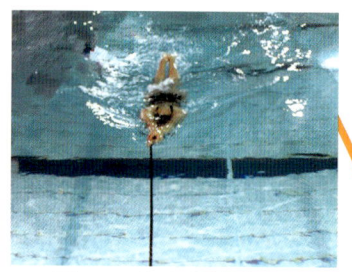

图6-6 绳索牵拉蝶泳腿

图6-7 绳索牵拉蝶泳腿（吸气）

双手弯曲

图6-8 绳索牵拉蝶泳腿错误动作

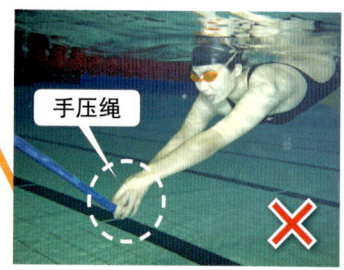

手压绳

图6-9 绳索牵拉蝶泳腿错误动作

第六章 蝶泳6步教法

Step3: 单手持浮板打腿

温馨提示：
(1) 单手持浮板前伸，勿压板。
(2) 吸气时，下颌贴于水面。
(3) 可4次或2次打腿一次换气。

重点：
体会腰部带动大腿、小腿依次发力。

难点：
呼吸和腿的配合。

图6-10 单手持浮板蝶泳腿

图6-11 单手持浮板蝶泳腿（吸气）

吸气时屈臂压板
图6-12 单手持浮板蝶泳腿错误动作

77

游泳Step教法

Step4: 蛙泳手+蝶泳腿

温馨提示：
（1）吸气后前额领先入水，目视池底。
（2）划手前伸时，头部、双臂勿"下钻"。
（3）将拇指短暂相扣到打水完成（1次手2次腿1∶2）。

重点：
（1）手、腿及呼吸的配合。
（2）早呼吸。

难点：
保持身体"高、平、稳"。

图6-13 蛙泳手+蝶泳腿

图6-14 蛙泳手+蝶泳腿

"钻"得过深
图6-15 蛙泳手+蝶泳腿错误动作

Step5：单手持浮板+半分解配合

温馨提示：
（1）吸气后前额领先入水，目视池底。
（2）五指并拢，直臂前移，大拇指领先入水。
（3）手臂入水后尽力向前伸。
（4）划水结束时掌心向上。

重点：
（1）推水至体侧手伸直。
（2）大拇指领先直臂入水。

难点：
手、腿和呼吸的配合。

图6-16　单手持浮板蝶泳划臂

图6-17　单手持浮板蝶泳划臂

游泳Step教法

手臂过度弯曲

图6-18　单手持浮板蝶泳划臂错误动作

抬头过高手压板

图6-19　单手持浮板蝶泳划臂错误动作

Step6：徒手半分解+完整配合
（左臂、右臂、双臂比例2∶2∶1—1∶1∶1—完整配合）

温馨提示：
（1）头在手出水前出水。
（2）吸气后前额领先入水，目视池底。
（3）每次将拇指短暂相扣到打水完（滑行）。

第六章　蝶泳6步教法

重点：
动作的节奏性和流畅性。

难点：
保持身体的"高、平、稳"。

图6-20　单手蝶泳划臂

图6-21　单手蝶泳划臂

图6-22　双手蝶泳划臂

图6-23　蝶泳配合

游泳Step教法

抬头过高

手臂弯曲

图6-24 蝶泳配合错误动作　　　　图6-25 蝶泳配合错误动作

小　结

　　蝶泳是4种泳姿中最漂亮的一种泳姿，由于蝶泳技术的节奏性要求高，双手同时出水移臂，对初学者来说比较困难，因此，以上6步蝶泳简约教法，也是本着由简到繁、由易到难的原则，循序渐进地进行练习，当初学者完成到第6步的时候，练习者便能够初步掌握蝶泳的基本节奏、双臂空中移臂以及手腿+呼吸的基本完整配合技术。

　　以上6步练习依次连接即为蝶泳完整配合。初学者按照以上步骤，一步一步逐步重复每个Step中的持浮板→徒手，逐步增加练习的难度，可循序渐进地、有效地提高身体控制能力，进而达到提高蝶泳技术的目的。

第七章

蛙泳出发3步教法

第七章 蛙泳出发3步教法

目的：
（1）短时间内掌握初级的蛙泳出发（台上）技术。
（2）掌握出发技术后即可参加游泳比赛。

基本步骤：

| Step1: 坐池边+身体逐渐前倒+双腿蹬池壁+顺势入水 | Step2: 借助垫子，身体保持流线型姿势+身体依次入水 | Step3: 身体呈半蹲姿势+双脚蹬池壁+身体前倒依次入水滑行 |

Step1：坐池边+身体逐渐前倒+双脚蹬池壁+顺势入水

温馨提示：
（1）双臂夹耳后保持直臂伸展姿势。
（2）注意双腿同时用力蹬池壁并保持身体流线型。
（3）保持低头收下颌入水。

重点：
上体由伸展、逐步屈体前倒，依次入水的顺序。

难点：
双腿同时用力蹬池壁，并保持身体流线型。

游泳Step教法

两臂伸直夹于耳后

图7-1 坐池边准备姿势

图7-2 入水滑行

流线型不充分

图7-3 入水后错误动作

Step2：借助垫子，身体保持流线型姿势+身体依次入水

温馨提示：

（1）两臂夹于耳后保持身体流线型姿势，借助垫子体会展体依次入水。

（2）克服抬头过高，注意入水后保持身体流线型的滑行姿势。

重点：

身体从双手指尖、手腕、双肩、髋关节、双膝、双踝关节至双脚尖呈流线型姿势依次入水。

难点：

身体呈流线型姿势依次入水。

图7-4　身体呈流线型准备姿势

图7-5　身体依次入水后滑行

图7-6　身体依次入水后滑行错误动作（抬头入水）

游泳Step教法

Step3：身体呈半蹲姿势+双脚蹬池壁+身体前倒依次入水滑行

• 池边练习

温馨提示：

（1）两臂同时向前摆至夹于耳后，蹬壁后身体呈流线型，空中双腿并拢伸直。

（2）掌握依次入水技术，入水后保持流线型姿势的滑行动作，直到减速后的起游动作。

重点：

模拟抓台出发及双腿、双脚同时用力蹬池壁动作，身体呈流线型姿势依次入水。

难点：

身体呈流线型姿势依次入水。

图7-7 身体呈半蹲准备姿势

第七章 蛙泳出发3步教法

图7-8 蹬池边依次入水

图7-9 蹬池边依次入水

图7-10 入水后滑行

89

图7-11　身体呈半蹲姿势错误动作

图7-12　蹬池边依次入水错误动作

图7-13　入水后错误动作

第七章 蛙泳出发3步教法

• 出发台练习

温馨提示：

（1）两臂同时向前摆至夹于耳后，蹬壁后身体呈流线型，空中双腿并拢伸直。

（2）掌握依次入水技术，入水后保持流线型姿势的滑行动作，直到减速后的起游动作。

重点：

蹬壁后身体呈流线型入水。

难点：

身体呈流线型姿势依次入水。

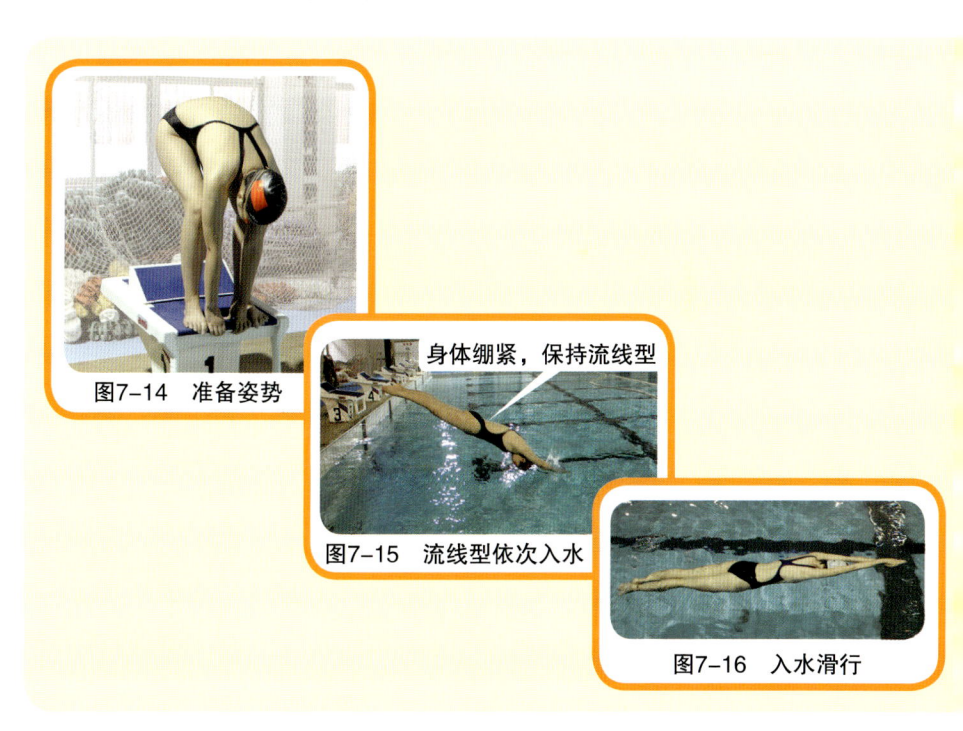

图7-14 准备姿势

身体绷紧，保持流线型

图7-15 流线型依次入水

图7-16 入水滑行

游泳Step教法

图7-17 流线型依次入水错误动作（入水时双腿弯曲）

小 结

初学者一旦学会蛙泳技术（我国初学者一般先学蛙泳），再学会初级的出发技术的话，就可以参加游泳接力比赛或大众游泳比赛。因此，这里仅针对初学者学习蛙泳最简便的出发技术进行要点教学。

以上3步蛙泳的出发练习（未含水下大划臂技术），依次连接即为出发完整动作。初学者一步一步重复每个Step中逐步增加动作难度的练习，可以循序渐进地、轻松地掌握基本的出发技术，进而能够在短时间内掌握初级的蛙泳出发（含台上）技术。

第八章

蛙泳转身3步教法

目的：
（1）短时间内掌握初级的转身技术。
（2）掌握转身技术后即可长距离游泳并参加比赛。

基本步骤：

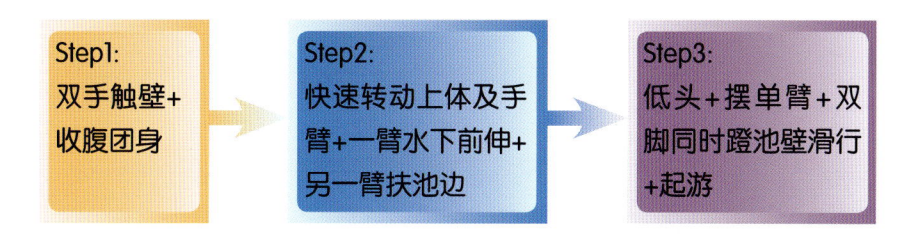

Step1:
双手触壁+收腹团身

Step2:
快速转动上体及手臂+一臂水下前伸+另一臂扶池边

Step3:
低头+摆单臂+双脚同时蹬池壁滑行+起游

Step1：双手触壁+收腹团身

温馨提示：
注意双肩平行、双手同时触壁的同时，做到身体快速团身收紧。

重点：
游近池边不减速，保证双手同时、平行触壁。

难点：
双手触壁时身体快速团身收紧。

图8-1　双手触壁

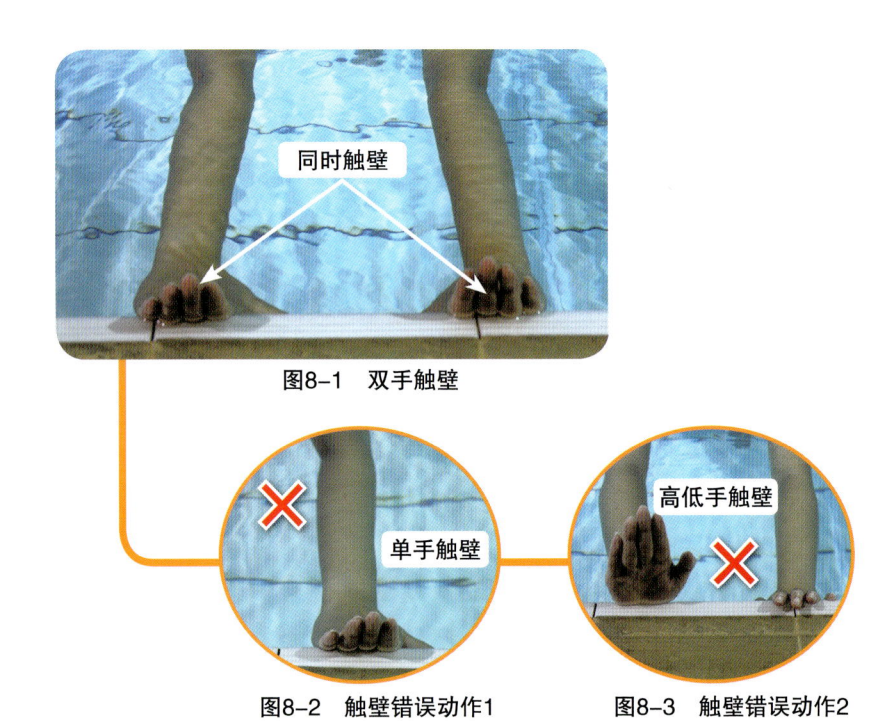

图8-2　触壁错误动作1

图8-3　触壁错误动作2

图8-4　收腹团紧

图8-5　收腹团紧错误动作

第八章 蛙泳转身3步教法

Step2: 快速转动上体及手臂+一臂水下前伸+另一臂扶池边

温馨提示：

一边转动身体、一边空中单手移臂、同时深吸气是转身技术的关键之一。

重点：

身体快速收紧并快速转体，为边转身边换气及下一步低头蹬壁做准备。

难点：

身体快速收紧并快速转体。

图8-6
转动上体及手臂+一臂水下前伸+另一臂扶池边

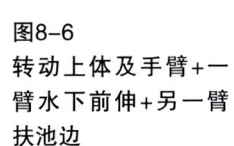

图8-7
转动上体及手臂+一臂水下前伸+另一臂扶池边

97

图8-8 转动上体及手臂+一臂水下前伸+另一臂扶池边错误动作

Step3: 低头+摆单臂+双脚同时蹬池壁滑行+起游

温馨提示：
（1）转体深吸气后，做到先低头、摆单臂、再蹬壁。
（2）当水下滑行减速后，立刻做起游动作。

重点：
先低头、再蹬壁，保持身体呈最佳流线型的快速滑行技术。

难点：
先低头、摆单臂、再蹬壁。

第八章 蛙泳转身3步教法

图8-9 低头

图8-10 摆单臂

图8-11 双脚同时蹬池壁滑行

99

图8-12　转身蹬壁错误动作　　图8-13　转身蹬壁错误动作

小 结

初学者一旦学会蛙泳技术（我国初学者一般先学蛙泳），再学会初级的转身技术的话，就可以进行长距离游泳，还可以参加游泳接力比赛或大众游泳比赛。因此，这里仅针对初学者学习蛙泳最简便的转身技术进行要点教学。

以上3步练习依次连接即为蛙泳转身完整动作（未含转身后的水下大划臂技术）。初学者一步一步逐步练习，重复每个Step中练习逐步增加练习的难度，可以循序渐进地、有效地、轻松地掌握初级的蛙泳转身技术。

主要参考文献

[1] 丛宁丽,等.蛙泳初学者简约5步教学法[J].游泳,2011年(6).
[2] 丛宁丽,等.少儿爬泳划水+呼吸6步教学法[J].游泳,2012年(2).
[3] 丛宁丽,等.少儿仰泳初学者6步简约教学法[J].游泳,2012年(4).
[4] 丛宁丽,等.少儿蝶泳6步简约教学法[J].游泳,2013年(1).
[5] 全国体育学院教材委员会.游泳运动[M].北京:人民体育出版社,2001.
[6] 丛宁丽,等.水中游戏189例[M].北京:人民体育出版社,2010.

鸣　谢

　　自从2011年我们在中国游泳协会承办的《游泳》杂志发表了《蛙泳初学者简约5步教法》文章之后，受到广大游泳爱好者、游泳教员、教师等广泛的好评，我们备受鼓舞。随后，我们在《游泳》杂志相继发表了相关的仰泳、自由泳、蝶泳等简约教法。承蒙《游泳》杂志不断地发表类似文章，又得到读者的好评，才促成我们开始产生能否将这些内容融为一个系统的实用的游泳初学者教学手册的想法。加之2010年人民体育出版社出版的《水中游戏189例》也是得到了广大读者的青睐。当本书完成之际，感恩之心满满溢出！

　　这本《游泳Step教法》一书能够在短时间内顺利完成，首先感谢中国游泳协会承办的《游泳》杂志全体同仁！没有该杂志的鼓励、支持，我们就没有完成本书的信心。同时，这种勇气和力量也来自于广大读者们，因为广大读者给我们的反馈信息告诉我们：出版一本实用的"一看就懂"的游泳简约教法书籍不仅是社会的需要，也是个人的需要。其次感谢成都体育学院各级领导的支持！感谢成都体育学院游泳馆全体工作人员的支持！感谢游泳教研室老师们的支持！他们是：蒋徐万、陈宇、樊维、田川、蓝怡、吴晓彬等。感谢参加本书前期创意、编写、拍照给予热情支持和辛苦付出的所

鸣 谢

有研究生！他们是：曾艳、牟玥、李宁、李丁妮、朱从彬、宋弋、孟强以及本科生李静芸等。此外，本书的模特——黄灿老师为拍摄本书动作照片付出了大量的时间、精力和体力，在此一并表示谢意。

三年前，人民体育出版社出版的《水中游戏189例》是以成都体院2006级、2007级、2008级和2009级研究生（游泳教学训练方向）为主体的编写团队，本书则是以2011级和2012级为主的编写团队，这是一支热爱游泳事业的朝气蓬勃的年轻学子。本书的完成是大家努力的结果，也是第二次由导师带领研究生进行服务社会的另一种尝试，不免会有不足之处，敬请各位同仁和使用者提出宝贵意见。

作者

2013年9月18日